mi mini biografía

César Chávez

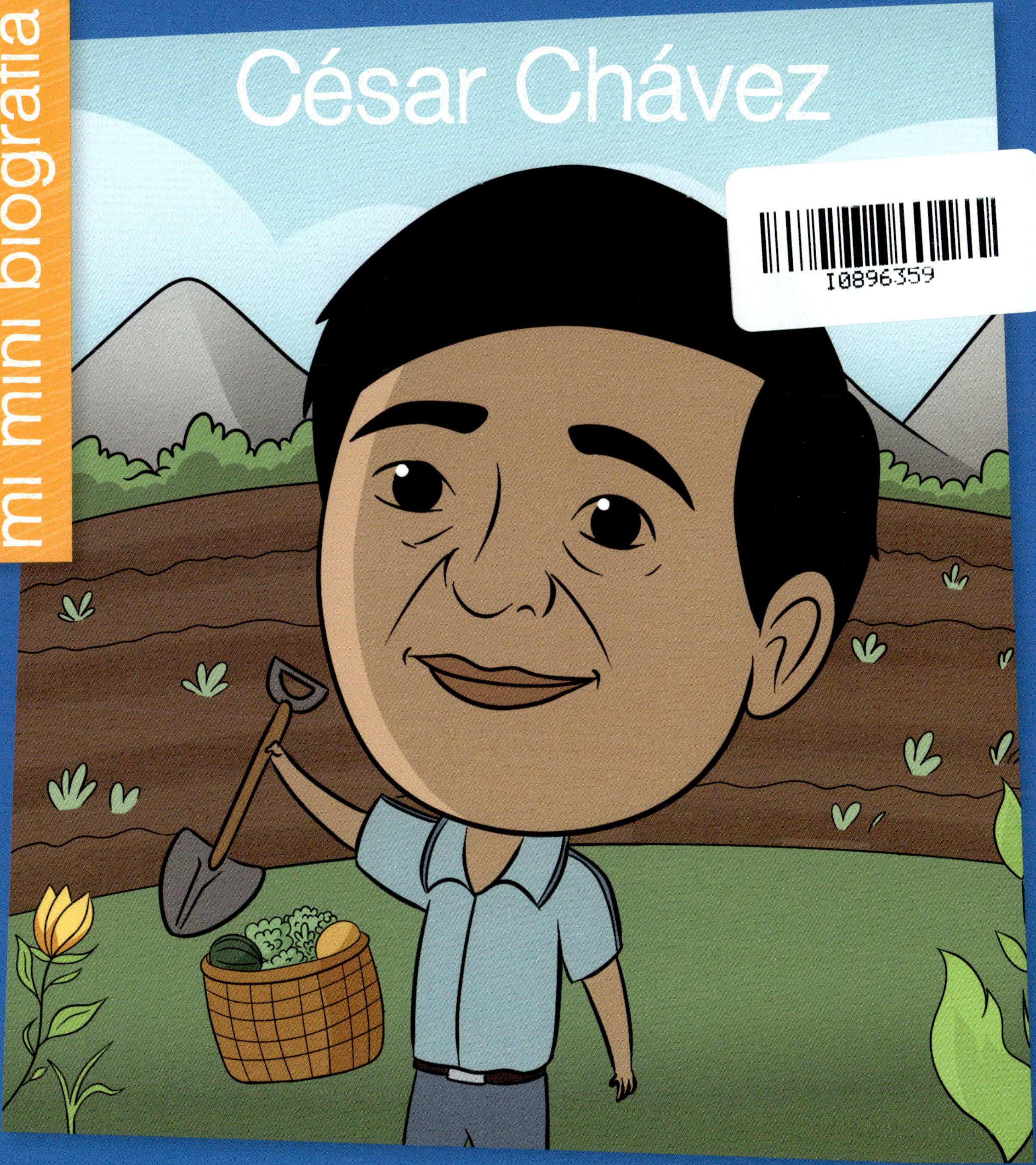

CHERRY LAKE PRESS

Publicado en los Estados Unidos de América por Cherry Lake Publishing
Ann Arbor, Michigan
www.cherrylakepublishing.com

Asesora de lectura: Beth Walker Gambro, MS, Ed., Yorkville, IL
Ilustrador: Leo Trinidad
Traducción por Editec Soluciones Editoriales

Créditos de las fotos: © Berns Images / Shutterstock, 5; Library of Congress, 7, 9, 11, 22; PH3 BRYANT / US NAVY Defense Visual Information Center via Wikimedia Commons, public domain, 13; Los Angeles Daily News / UCLA via Wikimedia Commons CC-BY 4.0, 15; Bibliothèque nationale de France, département Estampes et photographie, EI-13(2866) via Wikimedia Commons, public domain, 17; © ASSOCIATED PRESS, 19, 23; © ZUMA Press, Inc. / Alamy Stock Photo, 21; Todos los marcos de las imágenes, Shutterstock Images

La información del catálogo de publicación de la Biblioteca del Congreso ha sido presentada y está disponible en catalog.loc.gov.

Impreso en los Estados Unidos de América

contenido

Sobre la autora: Brenda Perez Mendoza es una premiada educadora y autora de la serie *Racial Justice in America: Latinx American*. Creció en Cicero, Illinois, como hablante nativa de español. Cuando iba a la escuela, no había suficiente apoyo para los estudiantes que estaban aprendiendo inglés. Eso es lo que la llevó a convertirse en especialista en ELL K-12 y a trabajar con estudiantes bilingües. Trabaja para que todos los estudiantes, especialmente los latinos, abracen su cultura y celebren quienes son. En la actualidad, vive en Chicago, Illinois, y está comprometida a garantizar que los estudiantes puedan acceder a prácticas educativas que tengan en cuenta la cultura y a defender al niño en su totalidad.

Sobre el ilustrador: Leo Trinidad es un dibujante de cómics, ilustrador y animador costarricense muy exitoso del NY Times. Lleva más de 12 años creando contenido para libros infantiles y programas de televisión. Leo creó la primera serie animada producida en América Central y fundó Rocket Cartoons, uno de los estudios de animación más exitosos de América Latina.

mi historia

Nací en Arizona en 1927.
Mi familia era dueña de una granja allí.

Soy mexicano-estadounidense.

Tuvimos que vender nuestra granja. Era la **Gran Depresión**.

Eran tiempos difíciles.

THIS PLACE
FOR SALE
AND OTHERS
WILL TRADE FOR CITY
P. L. GIBSON - REAL ESTATE
New Eng. Bldg. - Topeka

Nos mudamos a California. Tenía 11 años. Vivimos en un lugar llamado Sal Si Puedes.

El nombre no es muy amigable.

Trabajé en el campo. Tenía que ayudar a ganar dinero. Iba a la escuela. Pero solo hablaba español.

Mi escuela prohibió el español.

¿Qué idioma hablas
en tu casa?

Me uní a la Marina de los
EE. UU. Tenía 19 años.

La Marina estaba **segregada**.
No era justo.

62

Nos mudamos a Delano, California. Trabajaba en el campo. Los campesinos trabajaban mucho. Éramos muy pobres. No nos trataban bien.

Quería cambiar las cosas.

¿Qué cambiarías?

Leí sobre Mahatma Gandhi. Era un líder de la India. Aprendí sobre la **no violencia**.

Quería mejorar vidas.

Trabajé para mi comunidad. Ayudé a crear la *United Farm Workers* (Unión de Campesinos).

Luché por la igualdad de derechos. Dirigí marchas. Dirigí **boicots**.

Fui un líder de los derechos civiles. Morí en 1993. Mi legado continúa.

Sigo inspirando a las personas.

¿Qué te gustaría preguntarme?

Línea de tiempo

1938

1900

Nació en 1927

1979

2000

Murió en
1993

glosario

boicots protestas en las que la gente se niega a comprar un bien o a utilizar un servicio

Gran Depresión una época de la década de 1930 en la que mucha gente perdió su trabajo y tenía poco dinero

no violencia una forma de provocar cambios políticos sin recurrir a la violencia

segregado que separa a las personas por raza y las trata injustamente

índice